AIDE-MÉMOIRE

DU

SERVICE EN CAMPAGNE

AU BIVOUAC

ET AUX AVANT-POSTES.

Paris.—Imprimerie Cosse et J. Dumaine, rue Christine, 2.

AIDE-MÉMOIRE

DU

SERVICE EN CAMPAGNE

AU BIVOUAC

ET AUX AVANT-POSTES.

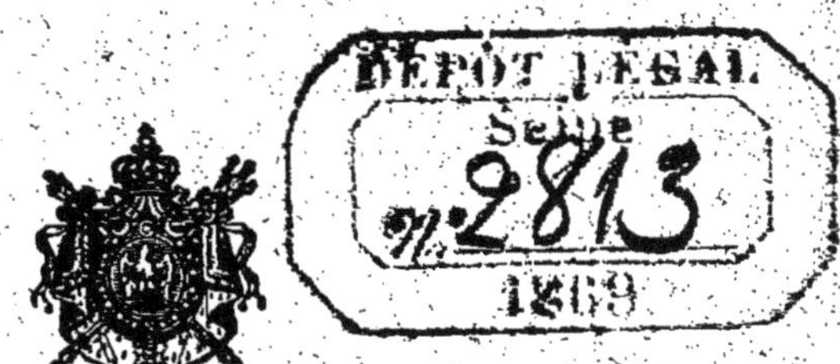

PARIS

LIBRAIRIE MILITAIRE

J. DUMAINE, LIBRAIRE-ÉDITEUR DE L'EMPEREUR

Rue et passage Dauphine, 30.

1869

AIDE-MÉMOIRE

DU

SERVICE EN CAMPAGNE

AU BIVOUAC

ET AUX AVANT-POSTES

L'application pratique du service en campagne, au bivouac et aux avant-postes, a été exécutée d'après la progression suivante au 5e dragons, à Saint-Étienne, en 1851, et plus tard à Lunéville avec toute la division de cavalerie.

Ces quatre leçons renfermant tout ce qu'il importe de bien savoir aux avant-postes, leur détail a été surchargé de toutes les prescriptions du service en campagne, des préceptes de Jacquinot, de Presle, de Brack et des maximes sur l'art de la guerre, afin qu'elles puissent servir d'aide-mémoire susceptible d'être consulté en campagne après avoir été pratiqué en garnison.

PROGRESSION.

1re. LEÇON.

Art. 1. Commander le service.
— 2. Etablissement du bivouac.
— 3. Réunion de la garde de police, du poste avancé du piquet.
— 4. Leur placement.

(1) Pour abréger la 2e leçon, on peut faire la veille, avec les officiers, la reconnaissance du terrain des avant-postes, et s'attacher à en faire connaître les propriétés et à expliquer les motifs du choix de l'emplacement de chacun d'eux.

PREMIÈRE LEÇON.

PROGRESSION.

Lorsqu'on veut envoyer à l'avance préparer le bivouac, on donne des instructions à cet égard, et le capitaine adjudant-major part avec le campement (*Service en campagne*, 34 et 36) :

> 1 adjudant-major,
> 1 adjudant,
> 1 fourrier,
> 1 brigadier, } par escadron.
> 2 cavaliers,

La garde de police peut marcher avec le campement ou un certain nombre de troupes; cela est défendu aux équipages et aux chevaux de main.

Art. 1ᵉʳ. — *Commander le service.*

Ordre donné avant l'établissement du camp (*Service en campagne*, 38) :

En arrivant sur le terrain, la cavalerie se forme en arrière de son camp ou bivouac.

Le régiment étant en bataille, à la sonnerie à *l'ordre*,

Le cercle est formé par :

> MM. les officiers supérieurs,
> les commandants d'escadrons,
> les adjudants-majors,
> les adjudants,
> les maréchaux des logis-chefs.
> (Ils sont placés derrière leurs capitaines.)

L'ordre a pour objet de faire connaître le nombre

d'hommes que doit fournir le régiment, pour les *gardes, piquets, ordonnances, etc., etc.; l'heure, le lieu, la nature des distributions, etc., etc.,* tout ce qui concerne le service, le bon ordre.

L'adjudant-major et l'adjudant de semaine commandent le service. Le cercle rompu, les capitaines commandants donnent à haute voix l'ordre à leurs escadrons; les maréchaux des logis chefs commandent les hommes de service.

Le service commandé, le chef d'escadrons de semaine s'assure du rassemblement, à 100 pas en avant du régiment, du poste avancé de la garde de police (1 maréchal des logis, 1 brigadier, 1 trompette, 12 ou 16 hommes; ils sont à cheval); on leur confie d'abord l'étendard.

Art. 2. — *Établissement du bivouac.*

Il y a différentes manières de bivouaquer : le *Service en campagne* ne s'occupe que de l'ordre en colonne par pelotons (art. 45), c'est le plus utile pour les fractions détachées; nous allons d'abord le détailler et le pratiquer, on exécutera par la suite le bivouac en colonne, par escadrons, à rangs ouverts.

Bivouac par pelotons. (*Pl. 1.*)

Le régiment étant en bataille, comme il est dit à l'article précédent, le colonel commande :

> *Garde à vous pour bivouaquer.*
> *Pelotons à-droite.*
> Marche, Halte.
> *Deuxième rang en avant, oblique à*
> *gauche.*
> Marche.

1.

Pied à terre et bivouaquez.

Les chevaux du 2ᵉ rang sont ainsi placés chacun à la gauche de son chef de file, chaque peloton formant un seul rang. On met pied à terre, des cavaliers sont désignés pour tenir les chevaux ; les autres, après avoir placé les armes en faisceaux, plantent les piquets. On ne s'occupe des abris que lorsque les chevaux sont attachés et qu'il a été pourvu à leurs besoins.

Place des chevaux des officiers.

Les chevaux des lieutenants et sous-lieutenants sont placés à la droite de leurs pelotons ; ceux du capitaine commandant à la droite de la première division ; ceux du capitaine en second à la droite de la deuxième. On peut autoriser les officiers à placer leurs chevaux près de leur bivouac, à leur choix.

Les chevaux des trompettes à la gauche de leurs pelotons.

Les armes sont d'abord formées en faisceaux, en arrière de chaque rangée de chevaux ; les brides sont placées contre elles.

Fourrages.

Les fourrages sont placés à la droite et sur le prolongement de chaque rangée de chevaux.

Gardes d'écurie.

Deux gardes d'écurie par peloton restent près des chevaux.

Feux.

Un feu est établi par chaque peloton vers le front de bandière, à vingt pas à gauche de la rangée de chevaux.

Les hommes se placent alentour et construisent un abri s'il est possible.

Chaque cavalier porte alors contre l'abri, et sur le côté le moins exposé, ses armes et sa bride.

Les feux et les abris pour MM, les officiers sont établis en arrière de la ligne des chevaux.

Rues du bivouac.

L'intervalle entre les escadrons doit rester libre dans toute la profondeur du bivouac.

L'intervalle entre les abris doit être tel que les pelotons puissent se porter facilement à leur place de bataille, soit en avant, soit en arrière du bivouac ; habituellement en avant.

Lorsqu'on desselle, les selles sont placées en arrière des chevaux ; elles sont garnies de la schabraque, la couverte est toujours pliée.

Étendard.

L'étendard est porté à l'abri du colonel.

Garde de police.

L'emplacement de la garde de police est au centre du régiment, un peu en arrière des feux.

Poste avancé.

Celui du poste avancé de la garde de police est à 200 pas en avant des feux et vis-à-vis du centre du régiment.

Les prisonniers doivent être placés à quatre pas en arrière de l'abri.

Les chevaux sur une seule rangée.

Si l'on bivouaquait en 2ᵉ ligne, ce poste avancé serait placé à 200 pas en arrière de MM. les officiers supérieurs de la première ligne.

Cantines.

Les cantiniers bivouaquent derrière le centre de

leurs escadrons; leurs voitures sont placées de manière à ne pas gêner les chevaux et les rues du bivouac. La cantinière de l'état-major se place sur l'alignement du bivouac du colonel et dans l'alignement des chevaux du 1ᵉʳ peloton.

Bivouac de MM. les officiers.

MM. les officiers bivouaquent derrière leurs pelotons, dans la direction et en arrière des chevaux, de manière à voir tout leur monde ; MM. les capitaines derrière la droite; les lieutenants et sous-lieutenants réunis derrière la gauche. Si MM. les officiers gardent leurs chevaux près d'eux, ils sont placés comme l'indique la planche nº 1 :

MM. les chefs d'escadrons derrière le centre de leurs escadrons ;

Le colonel derrière le centre du régiment ; le lieutenant-colonel à sa droite ;

Les adjudants-majors réunis à sa gauche ;

L'adjoint au trésorier et le porte-étendard réunis à droite du lieutenant-colonel.

Adjudants.

Les adjudants réunis à la gauche de MM. les adjudants-majors.

Docteurs.

Les docteurs réunis à la droite du bivouac du porte-étendard et de l'adjoint au trésorier.

MM. les officiers de l'état-major, ainsi que les adjudants, le maître armurier, le brigadier maréchal, ont leurs chevaux près de leurs bivouacs, sur le même alignement que ceux des escadrons.

Chevaux à l'infirmerie.

Les chevaux à l'infirmerie sont placés sur une

rangée, à la gauche des bivouacs de MM. les officiers supérieurs, et dans la direction de l'alignement du dernier peloton du régiment. Les hommes qui en prennent soin établissent leur abri à la hauteur des feux des vétérinaires.

Vétérinaires.

MM. les vétérinaires établissent leur bivouac près de l'infirmerie.

Forges, maître armurier, brigadier-maréchal.

Les forges et les fourgons sont parqués en arrière de l'infirmerie des chevaux ; le maître armurier et le brigadier maréchal s'établissent près des forges.

Latrines.

Les latrines pour la troupe sont à 150 pas en avant ; il est pratiqué un fossé avec feuillée.

Les latrines de MM. les officiers sont à 100 pas en arrière des bivouacs de l'état-major.

Bivouac par escadrons. (*Pl. 2.*)

Le bivouac par escadrons a lieu suivant les mêmes principes : le régiment étant en bataille, le colonel commande :

Garde à vous pour bivouaquer.
Escadrons à droite.
Marche.
Escadrons.
Halte.
Premiers rangs trente mètres en avant.
Marche.
Pied à terre et bivouaquez.

La différence avec le bivouac par pelotons consiste dans l'établissement des abris entre les deux rangs de chevaux, les pelotons séparés par les fourrages ;

toutes les autres dispositions sont les mêmes; voir
la planche 2.

L'ordre de ces bivouacs diffère de celui du camp
de cavalerie sous plusieurs rapports; mais il est cer-
tainement plus commode.

ART. 3. — *Réunion de la garde de police du poste
avancé et du piquet; cas où ils prennent les
armes.*

Dès que le bivouac est établi, le chef d'escadrons
de semaine ou de jour fait réunir les gardes et le
piquet sur le front de bandière.

Les gardes partent sans délai pour leurs différents
postes, les corvées et les distributions pour leur destination, si l'heure est la même ; si l'on est à portée
de l'ennemi, le piquet reste sous les armes jusqu'à
leur retour ; il peut être renforcé au besoin ; il se
rend ensuite à la gauche de la garde de police.

Composition de la garde de police.

La garde de police se compose du nombre
d'hommes suffisant pour fournir les sentinelles et
pour faire les patrouilles que les localités et les circonstances rendent nécessaires.

Les hommes sont pris dans tous les escadrons et,
autant que possible, en nombre égal dans chacun
d'eux. Les cavaliers non montés y sont employés
de préférence.

La garde de police est formée ordinairement de :

1 lieutenant ou sous-lieutenant,
2 maréchaux des logis,
3 brigadiers,
2 trompettes,
48 à 56 ou 72 cavaliers.

Il y a d'ordinaire 10 sentinelles à fournir le jour et 12 la nuit ; plus, le poste avancé et ses sentinelles, 4 le jour et 6 la nuit.

Elle détache le poste avancé, qui est toujours composé d'hommes montés, au nombre de :

- 1 maréchal des logis,
- 1 brigadier,
- 1 trompette,
- 16 à 24 cavaliers.

Il fournit 4 sentinelles de jour et 6 la nuit.

La garde de police est aux ordres du capitaine adjudant-major de semaine ; si, en raison des circonstances, elle est commandée par un capitaine, le capitaine adjudant-major reste chargé des appels et des pansages.

Le commandant de la garde de police est responsable du maintien de l'ordre et de la propreté du bivouac ; il a sous ses ordres le poste avancé. Elle est sous la surveillance du chef d'escadrons de semaine.

Une partie des cavaliers de la garde de police est successivement envoyée dans les escadrons pour panser les chevaux.

Piquet.

Le piquet se forme de la réunion des officiers, sous-officiers et cavaliers qui doivent marcher le lendemain pour le service du premier tour (grand'-gardes et postes extérieurs) ; il est destiné aux besoins imprévus.

Il est commandé chaque jour à la suite des hommes de garde ; les chevaux restent sellés ; les hommes habillés et équipés. Ils sont pris en nombre égal dans chaque escadron, suivant les besoins :

- 1 capitaine,
- 2 lieutenants ou sous-lieutenants,
- 4 maréchaux des logis,

8 brigadiers,
2 trompettes,
27 à 30 cavaliers.

La grand'garde est ordinairement composée de 105 à 110 hommes, ce qui fait 27 hommes par escadron, plus 2 ; si elle est moins forte, en raison du service qu'elle doit faire, on diminue le nombre d'hommes par escadron.

Réunion des gardes.

A la sonnerie de la demi-parade, la garde de police et le piquet se réunissent sur le front de bandière, conduits par les maréchaux des logis de semaine à l'inspection de MM. les officiers de semaine (armes et munitions) ; à la sonnerie de la parade, la garde de police est réunie au centre du régiment, *à 25 pas* en avant ; le piquet, réuni par l'adjudant de semaine en même temps que les gardes, est placé *à 12 pas* en arrière de celle-ci, partagé en deux pelotons.

Le chef d'escadrons et les officiers de semaine sont présents.

Après l'inspection, les gardes défilent au commandement de l'adjudant-major.

Le piquet ne défile pas. Le capitaine qui le commande, à l'ordre du commandant de semaine, le porte, après le défilé des gardes, à la gauche et sur l'alignement de la garde de police ; il lui fait mettre ses armes en faisceaux.

L'officier supérieur de semaine fait faire pendant le jour plusieurs appels du piquet ; dans ce cas les trompettes sonnent deux appels consécutifs.

Ces réunions ont lieu à pied.

Pendant la nuit le piquet se réunit à cheval (*Service en campagne*, 79), prévenu par l'adjudant-major et l'adjudant de semaine.

Le piquet rentre dans les escadrons pour les revues, manœuvres, marches et combats.

Quand le piquet doit bivouaquer à part, comme précaution, le colonel détermine l'emplacement.

Cas où les gardes et le piquet prennent les armes.

La garde de police et le poste avancé rendent les mêmes honneurs que les autres gardes, ils prennent les armes lorsqu'une troupe armée s'approche, au réveil, à la retraite

Le piquet prend les armes à la retraite pour les détachements à fournir lorsque les généraux, le colonel, l'officier supérieur de semaine veulent en passer l'inspection : il se forme à la gauche de la garde de police.

Art. 4. — *Placement de la garde de police et du poste avancé.*

Après le défilé, la garde de police est conduite sur son emplacement, au centre du régiment, un peu en arrière des feux de la troupe ; elle reste sous les armes jusqu'à ce que les sentinelles soient placées.

Le poste avancé est conduit sur son emplacement, à 200 pas en avant des feux et vis-à-vis du centre du régiment, autant que le terrain le permet.

Il fournit trois vedettes à cheval pour découvrir à la plus grande distance possible : devant le centre, devant la droite et devant la gauche du régiment.

Pendant qu'il s'établit au bivouac, ses chevaux sont sur une seule ligne et tournés dans la direction de ceux du régiment.

Cette opération terminée, les vedettes sont remplacées par des sentinelles à pied ; on en place une devant les armes, qui est plus particulièrement chargée de la garde des prisonniers.

Les hommes du poste avancé ne peuvent s'absenter sous aucun prétexte, la soupe leur est portée ; ils pansent successivement leurs chevaux qui restent sellés.

Art. 5. — *Gardes d'écurie.*

(*Service en campagne, art.* 69). Chaque escadron commande un brigadier pour surveiller les gardes d'écurie ; son service commence à la retraite et finit au déjeuner des chevaux.

Les gardes d'écurie sont commandés en nombre suffisant pour se relever de deux heures en deux heures : 8 hommes, 2 par peloton. Ils formaient en Afrique un petit poste à part, à l'intérieur du bivouac des chevaux de l'escadron ; ils étaient armés du fusil.

Art. 6. — *Sentinelles de jour.*

Il y a 14 sentinelles à fournir :

Garde de police.
- 1° 1 devant les armes,
- 1 au bivouac du colonel,
- 3 devant le front de bandière,
- 3 à cinquante pas en arrière du bivouac de MM. les officiers supérieurs,
- 2 une sur chaque flanc du régiment.

Si le régiment se trouve à la droite ou à la gauche de la ligne, il est placé une sentinelle de plus sur le flanc qui n'est pas couvert.

Poste avancé :
- 1° 3 en avant du poste, vis-à-vis de la droite, du centre et de la gauche du régiment, de manière à voir aussi loin que possible.
- 1 devant les armes.

Les consignes de ces sentinelles se trouvent aux articles 71 et 73 du *Service en campagne.*

Art. 7. — *Appel de l'après-midi.*

Pour l'application de la théorie pratique, le bivouac étant formé, la garde de police, le poste avancé, le piquet, les sentinelles étant établis, on exécute successiment le service des 24 heures pour qu'il soit bien compris sans rien oublier.

L'appel de l'après-midi, habituellement à 2 heures, est suivi du pansage du soir ; c'est le deuxième de la journée.

Pour cet appel, les escadrons se forment dans les grandes rues de leur bivouac, *ils sont en armes.*

Tous les officiers sont présents. L'appel est rendu verbalement par l'officier de semaine.

Le chef d'escadrons de semaine fait ouvrir les rangs : les capitaines passent les inspections, les maréchaux des logis chefs commandent le service pour le lendemain.

Ces détails terminés, on fait rompre les rangs et les hommes se préparent pour le pansage.

Art. 8. — *Retraite et sentinelles d'augmentation pour la nuit.*

On fait sonner la retraite; à cette sonnerie le commandant de la garde de police fait faire l'appel de cette garde et il passe l'inspection des armes, s'assurant qu'elles sont chargées et en état.

Le lieutenant ou sous-lieutenant se rend pour le même objet au poste avancé qui a pris les armes comme la garde de police.

Les brigadiers de ces deux postes placent chacun deux sentinelles d'augmentation, ce qui porte leur nombre à cinq sur le front de bandière et à six au poste avancé.

Le service des brigadiers chargés dans chaque escadron de la surveillance des gardes d'écurie, commence.

Le piquet prend les armes, on en fait l'appel; le capitaine qui le commande en passe l'inspection (*Service en campagne*, art. 74). Lorsqu'il est jugé nécessaire de faire couvrir pendant la nuit le camp ou bivouac par des petits postes pour former une double enceinte de sentinelles, ces postes sont sous la surveillance du capitaine de la garde de police ou du capitaine adjudant-major de semaine s'il la commande : il lie leur service avec celui du camp et les fait visiter par ses rondes et patrouilles.

Le chef d'escadrons de semaine s'assure souvent par lui-même pendant la nuit de la vigilance de la garde de police et du poste avancé.

Art. 9. — *Mot d'ordre, rondes et patrouilles.*

Le cercle est formé *immédiatement après la retraite* sur le front de bandière : la garde de police fournit le nombre d'hommes nécessaire pour former le cercle extérieur.

Le cercle se compose de :

MM. l'officier supérieur de semaine,
les officiers de service pour la nuit,
les adjudants-majors,
les adjudants,
le maréchal des logis de la garde de police,
les brigadiers des postes qui en dépendent.

Le mot d'ordre est donné par l'officier supérieur de semaine ; l'adjudant-major de semaine le communique cacheté aux commandants des grand'gardes et des gardes extérieures qui envoient une ordonnance pour le recevoir.

L'officier supérieur de semaine, après avoir donné le mot d'ordre, profite de cette réunion pour commander les patrouilles et les rondes aux officiers et aux sous-officiers des deux gardes et pour faire toutes les recommandations relatives à ce service et à celui des sentinelles. Ces officiers en ordonnent eux-mêmes, et ils visitent fréquemment leurs sentinelles.

Le mot d'ordre comprend :

1° *Mot d'ordre*, nom d'un grand homme, d'un général célèbre, d'un brave mort au champ d'honneur.

2° *Mot de ralliement*, nom d'une bataille, d'une ville, d'une vertu civile ou guerrière.

ART. 10. — *Appel du soir*.

On fait sonner l'appel, c'est le troisième de la journée, l'appel du soir une demi-heure après la retraite; à cette sonnerie, les escadrons se forment dans les grandes rues de leur bivouac, ils sont sans armes. Les officiers de semaine y assistent; ils rendent l'appel du soir par écrit.

On visite les faisceaux; M. le chef d'escadrons de semaine prononce la rentrée des armes en cas de mauvais temps.

Le capitaine de la garde de police ou le capitaine adjudant-major de semaine, s'il commande la garde de police, dresse et porte au colonel le billet général d'appel du soir; il fait rendre compte verbalement par l'adjudant de semaine au lieutenant-colonel et au chef d'escadrons de semaine.

Le maréchal des logis de garde passe chez les cantiniers pour faire sortir les hommes qui s'y trouveraient, et il fait éteindre, à moins d'ordres contraires, les feux des cuisines. Après l'appel du soir, les hommes que l'on trouve chez les cantiniers, et ces derniers, sont conduits au poste avancé de la garde de police.

Pendant la nuit, si le service exige que quelqu'un dépasse les sentinelles, le capitaine qui commande la garde de police, le fait conduire sous escorte, près du maréchal des logis du poste avancé qui le fait accompagner par un brigadier jusqu'en dehors de la ligne.

Art. 11. — *Réveil*.

On fait sonner le réveil.

A cette sonnerie, la garde de police et le poste avancé prennent les armes : les brigadiers des deux postes retirent les sentinelles d'augmentation ;

Le capitaine passe l'inspection.

Le lieutenant inspecte le poste avancé, le maréchal des logis lui fait son rapport.

Le capitaine établit son rapport qui comprend celui du poste avancé et il l'envoie au chef d'escadrons de semaine.

Le service des brigadiers chargés de la surveillance des gardes d'écurie, cesse.

Les brigadiers font balayer par les hommes de corvées les rues du bivouac et le front de bandière jusqu'à quarante pas en avant des faisceaux.

Le lieutenant de garde surveille cette corvée de propreté.

Les petits postes qui auraient été fournis pour couvrir le camp pendant la nuit par une augmentation de sentinelles sont retirés sur l'ordre qui en est donné, au réveil, ou de préférence à la rentrée des reconnaissances du matin.

Lorsqu'il y a lieu de craindre une surprise, la cavalerie monte à cheval jusqu'à la rentrée des reconnaissances.

Art. 12. — *Appel du matin.*

C'est le premier appel, celui du pansage du matin ;
il est sonné une heure après le déjeuner des chevaux.
Les escadrons se forment dans les grandes rues de
leur bivouac ; ils sont sans armes. Les officiers de
semaine y assistent ; ils le rendent verbalement.
Après l'appel du matin, rompre les faisceaux, essuyer
les armes, les replacer et faire le pansage.

Art. 13. — *Relevé des gardes.*

On sonne la demi-parade à l'heure ordonnée ; à
cette sonnerie les hommes qui doivent composer la
nouvelle garde et le nouveau piquet sont conduits
sur le front de bandière à l'inspection de MM. les
officiers de semaine.
Ces inspections terminées, les gardes sont formées,
le piquet à douze pas en arrière ; le défilé a lieu
comme il est indiqué page 16 à la réunion des gardes.
Les anciennes gardes se retirent lorsque toutes les
formalités sont remplies, le nouveau piquet se con-
forme à ce qui a été dit page 16.

Art. 14. — *Cas de marche.*

(*Service en campagne,* art. 75). Lorsqu'on part,
à *la sonnerie du bout de charge,* le commandant
de la garde de police envoie l'une après l'autre chaque
moitié de la garde pour seller et charger les chevaux.
Les sentinelles sont relevées successivement par
des vedettes ou renvoyées suivant les circonstances
et les localités.
Le poste avancé bride successivement ses chevaux,
de manière à relever ses sentinelles par des vedettes

jusqu'au moment du départ, et à monter à cheval en même temps que le régiment.

On selle et on charge les chevaux, voitures etc. S'il y a des prisonniers (*Service en campagne*, art. 76), le poste avancé marchera avec le régiment entre les 1er et 2e escadrons, les prisonniers entre ses rangs. En arrivant au bivouac, il les consignera au nouveau poste avancé de la nouvelle garde de police.

Si le campement précède le régiment (*Service en campagne*, art. 75), la nouvelle garde de police marche avec lui. En arrivant au camp elle se met en bataille à trente pas en avant du centre du terrain marqué pour le régiment.

Le capitaine fournit les postes et sentinelles que lui demande l'adjudant-major qui conduit le campement.

Le poste avancé prend de suite sa position.

Art. 15. — *Manière de lever le bivouac.*

A la sonnerie *à cheval*, on monte à cheval; la garde de police, à l'exception du poste avancé, rentre dans les rangs.

Les pelotons se forment en bataille, sans perte de temps, en avant de l'emplacement des feux et abris, et en arrière du poste avancé.

Les voitures restent derrière; elles prennent leur ordre de marche dans la colonne lorsqu'elle est en mouvement.

Le régiment réuni, on reçoit les appels et on se met en marche.

S'il n'y a pas de prisonniers, le poste avancé rentre alors dans les rangs.

Toute cette première leçon est répétée à la théorie pratique aussi longtemps qu'il est nécessaire pour qu'elle soit bien connue et bien exécutée.

DEUXIÈME LEÇON.

A partir de cette leçon on suppose qu'on est réellement devant l'ennemi, afin de rappeler toutes les précautions qui sont à prendre aux avant-postes.

Il sera facile de distinguer ce qui se rapporte seulement à la théorie pratique.

PROGRESSION.

Le régiment étant arrivé sur le terrain désigné pour bivouaquer, reste à cheval jusqu'à ce que les avant-postes soient établis, afin de protéger promptement au besoin la reconnaissance qu'ils exécutent, et leur installation, et pour être gardé à son tour par eux lorsqu'il organisera son bivouac. On attend donc la rentrée du colonel pour s'établir.

ART. 16. — *Établissement de la grand'garde.*

Le colonel ou le lieutenant-colonel sont spécialement chargés de conduire la première fois à leur destination les grand'gardes (*Service en campagne*, 83). Ils sont accompagnés par les adjudants-majors et par la troupe qui doit servir de grand'garde. Sa force est réglée d'après l'importance du service qu'elle doit faire (1).

Départ de la reconnaissance en pays facile ou découvert.

Lorsque les localités le permettent, le colonel peut se diriger directement sur la partie centrale du terrain à reconnaître, au point qu'il suppose le plus favorable à occuper pour garder le régiment, la brigade ou la division, en découvrant par des éclaireurs les positions et les mouvements de l'ennemi, ou tout au moins leurs approches. Il marche précédé d'éclaireurs fournis par les futurs petits postes, et suivi par la grand'garde soit en bataille soit en colonne, divisée en deux parties (2). S'il est nécessaire il est accompagné par des forces assez considérables pour protéger sa reconnaissance; la grand'garde établie elles rentrent au camp.

Il reconnaît tout le terrain même au delà de l'emplacement qui sera occupé par la grand' garde et ses petits postes, afin de ne pas ignorer toutes les circonstances de localités propres à favoriser les mouvements de l'ennemi, ou propres à empêcher ses surprises par la construction de quelques obstacles faciles à créer pour demeurer plus en sûreté (embarras ou coupures sur des routes, des défilés, des ponts, etc.). Il détermine ainsi l'emplacement de la grand'garde, des petits postes, de l'abreuvoir, du poste de nuit, et jusqu'à la position de la dernière des vedettes.

---

(1) Voir la composition de la grand'garde, 1re leçon, p. 16.
(2) Première, deuxième, troisième, à marcher; voir les renseignements, 2e leçon, p. 28; *ici, la première à marcher est à l'avant-garde.*

Choix de la position.

Le choix du colonel étant fait, il ordonne la sonnerie définitive *halte* avec le refrain ; à ce moment, les éclaireurs deviennent des vedettes, les troupes de soutien des petits postes et le corps principal la grand'garde ; il ne s'agit plus que de rectifier leurs positions respectives.

Même reconnaissance dans un pays difficile.

Si le terrain ne permet pas de s'avancer ainsi qu'il vient d'être dit, le colonel suit les routes ou des directions praticables, précédé du futur petit poste du centre qui détache ses futures vedettes en éclaireurs, et flanqué par les deux autres petits postes qui détachent en flanqueurs leurs futures vedettes. Il est suivi par les deux autres parties de la grand'garde.

Il occupe par des cavaliers intelligents tous les nœuds importants de communications, les ponts, les défilés qu'il laisse derrière lui et sur les côtés ; il place d'autres cavaliers sur les points favorables pour découvrir et observer au loin ; il fouille tout le pays, arrête l'emplacement de la grand'garde des petits postes, des vedettes, en les marquant par des cavaliers qu'il y envoie ; et sa décision prise il fait sonner *halte* avec le refrain. A ce moment les avant-postes et les vedettes sont placés ; il ne s'agit plus que de rectifier, de coordonner entre elles les positions et les communications, et aussi avec les postes extérieurs s'il y en a de nécessaires.

La grand'garde est placée s'il est possible, près d'un carrefour ; elle se donne ainsi plus d'aisance dans ses mouvements ; sa distance de l'armée doit être, suivant le terrain, de 3,200 à 4,000 mètres pour donner le temps aux troupes que l'on protège de prendre les armes et de se disposer au combat. Voir le chapitre des renseignements de la 2e leçon, p. 37.

Art. 17. — *Établissement du bivouac.*

Le colonel, après avoir fait choix de l'emplacement de la grand'garde, donne toutes les instructions nécessaires pour son service, ainsi que la direction qu'elle devra prendre en cas de retraite. Il retourne ensuite à son régiment ; lorsqu'il y arrive, il donne l'ordre, fait établir le bivouac et tout le service comme il est indiqué aux art. 1 et 2 de la 1re leçon.

Art. 18. — *Service des avant-postes.*

Le service des avant-postes est réglé par les ordres du colonel ou du général ; il se divise toujours, indépendamment des ordres particuliers, en service de jour et en service de nuit. Il comprend trois positions ou fonctions : la première aux petits postes et en vedettes, la deuxième à la grand'garde, à cheval ou sur le point d'y monter ; elle fournit les patrouilles, rondes, découvertes, escortes, etc. etc. ; la troisième, également à la grand'garde, se repose et fait manger ses chevaux. Ces trois fractions passent successivement pendant les 24 heures dans les différentes positions de surveillance et de repos ; celles qui se tiennent à la grand'garde sont placées en colonne à bonne distance l'une derrière l'autre, comme il est indiqué au chapitre des renseignements de la 2e leçon. Les sentinelles et vedettes sont relevées toutes les heures ; un cavalier monté est envoyé à l'heure de la retraite à l'adjudant-major de semaine, pour recevoir le mot d'ordre.

Le service des avant-postes est exprimé par la définition de Jacquinot de Presle, p. 413 : « On appelle « avant-postes tous les détachements tirés d'un « corps principal pour le couvrir, observer les « mouvements de l'ennemi, et qui, à cet effet, occu-

« pent une position déterminée, et la plus avanta-
« geuse possible pour bien voir. »

Leur service consiste donc principalement dans
ces deux fonctions importantes, couvrir son corps
d'armée, observer l'ennemi.

Les avant-postes doivent se relier au corps qu'ils
couvrent, former un rideau impénétrable derrière lequel l'armée peut se reposer ou exécuter des mouvements sans que l'ennemi puisse les soupçonner, et
ne pas se laisser tourner, ce qui compromettrait à la
fois la sûreté de l'armée et la leur.

Art. 19. — *Placement des postes de soutien.*

On n'est bien gardé que de loin et qu'autant que
l'ennemi ne peut pas se glisser inaperçu à travers la
chaîne des avant-postes.

Pour obtenir ce résultat et pour obvier aux incon-
vénients qui pourraient provenir de l'éloignement
des avant-postes, on les fait soutenir par des postes
plus considérables placés en arrière, qui se tiennent
en communication avec eux par des vedettes, et même
au besoin par des postes intermédiaires, pour marcher à leur secours ou pour leur servir de point
de concentration : on les nomme postes de soutien.

Ils sont capables de résister assez longtemps pour
que l'armée prenne ses dispositions, s'ils occupent
des villages, des points retranchés, une bonne position et s'ils ont du canon ; ils sont ordinairement
composés d'infanterie.

Ces postes ont beaucoup moins d'importance s'ils
sont seulement détachés de leurs régiments pour
veiller sur les derrières de la grand'garde : quelquefois on ne les place qu'à la nuit. Le piquet qui est
avec le régiment remplit jusqu'à un certain point le
même rôle.

Dans tous les cas on les place, si le terrain le per-met, à demi-distance des grand'gardes au corps que l'on couvre, c'est-à-dire à 800 mètres ou 1000 mètres des deux côtés.

Art. 20. — *Grand'gardes, petits postes, vedettes.*

Les avant-postes se composent de grands postes ou *grand'gardes*, de postes intermédiaires ou *petits postes*, de sentinelles et de vedettes qui forment la chaîne ou le cordon des avant-postes.

C'est ordinairement le cours d'une rivière, d'un ruisseau, les bords d'un ravin, d'un marais, la lisière d'un bois, des chaînes de hauteurs, qui déterminent le tracé *d'un cordon de vedettes et d'avant-postes.* Il faut toujours avoir soin de l'étendre au delà des ailes du corps qu'il couvre, afin d'éviter qu'il ne soit tourné. On pousse des patrouilles à d'assez grandes distances sur les flancs, pour éviter ce danger. Une analogie entière existe entre les avant-postes qui con-vrent un corps en station, et les tirailleurs et flan-queurs qui entourent un corps en mouvement.

La force des uns et des autres varie du tiers au sixième de l'effectif total, selon que celui-ci est faible ou considérable. (J. P. 393.)

Prise d'armes aux avant-postes.

En tous temps les avant-postes ne prennent les ar-mes pour rendre les honneurs ou pour être in-spectés que lorsqu'ils ne risquent pas d'être aperçus par l'ennemi. La nuit, si ce danger n'existe pas, les avant-postes prennent les armes pour les patrouilles, les rondes et tout ce qui les approche.

Par qui les postes peuvent-ils être mis en mouvement?

Les généraux et leurs chefs d'état-major peuvent

seuls, en dépassant les avant-postes, les déplacer et les employer.

Postes détachés.

Si au delà des vedettes il y a des points indispensables à occuper, on y forme des postes qu'on relève de quatre heures en quatre heures. On y envoie deux ou trois hommes ou plus : on y détache de préférence un officier.

Ces positions sont dangereuses ; elles demandent beaucoup de surveillance ; la nuit, il y a souvent avantage à les garder à pied : elles sont déterminées par des points importants (hauteurs, défilés, ponts, etc.), dépendant du terrain occupé par la grand'garde, soit du côté de l'ennemi, soit du côté du corps principal.

Vedettes.

On doit, autant que possible, placer les vedettes où elles peuvent tout voir sans être vues : on les masque, s'il y a lieu, par un pan de muraille, un bouquet de bois, une haie, un fossé un peu profond : on les met en arrière d'un sommet, de manière que, tout en voyant, elles soient couvertes et protégées de l'arrivée subite de l'ennemi : il faut éviter d'embarrasser leur retraite.

On place ainsi des vedettes sur les hauteurs pour observer la plaine ; d'autres, au bas d'une montagne pour observer une gorge, un bois, un chemin creux, ou pour voir la nuit, ou pour protéger la vedette du sommet de la hauteur ; enfin elles doivent se voir pour s'avertir entre elles. (*Maximes*, p. 40 ; Brack, p. 148.)

Les intervalles d'une vedette à l'autre sont déterminés par la condition qu'on ne puisse pas traverser entre elles sans être vu.

Leur éloignement ne doit pas excéder 800 mètres, pour qu'elles entendent les coups de feu tirés par leurs plus proches voisines.

Lorsqu'on a du monde et que la surveillance l'exige, on en place sur les flancs et sur les derrières d'une grand'garde.

On peut employer aussi des vedettes doubles, dont une est volante; enfin on peut placer des vedettes en échiquier, ce qui est le meilleur moyen pour empêcher de passer.

Lorsque le terrain qu'on a à surveiller est trop grand pour le nombre des hommes employés, on se sert de vedettes volantes.

Celles qui doivent surveiller une rivière sont à pied et placées dans des fossés.

Durée de la faction. — Devoirs des sentinelles et vedettes.

Les sentinelles et vedettes sont relevées toutes les heures, pour alléger le service des rondes et tenir pendant la nuit plus de monde sur pied; elles sont réunies par deux, à moins d'impossibilité. (*Service en campagne*, art. 88.)

Des signaux convenus remplacent ou précèdent le Qui vive! et le mot de ralliement.

Lorsque pendant la nuit une sentinelle ou vedette entend quelqu'un s'approcher, elle arme et fait le signal convenu, ou si cette précaution n'est pas reconnue nécessaire, elle crie : *Halte-là!*

Si l'on ne s'arrête pas après qu'elle a crié une seconde fois, *elle fait feu* : si l'on s'arrête elle crie : *Qui vive!* ou répète le signal convenu. Si on lui répond : *Ronde*, elle crie : *Avance au ralliement*, se mettant en défense pour éviter une surprise : si le chef de ronde *ne s'avance pas seul, s'il ne fait pas le signal convenu, s'il ne donne pas le mot,* la sentinelle fait feu et se replie sur le poste.

Lorsqu'elle est placée devant les armes et qu'il a été répondu au Qui vive! elle crie : *Aux armes* : la garde se forme aussitôt et le brigadier va reconnaître.

Les commandants des grand'gardes visitent souvent les sentinelles et vedettes, les déplacent ou en placent de nouvelles selon qu'ils le jugent convenable.

Art. 21. — *Consignes.*

Les grand'gardes ont des consignes relatives aux motifs particuliers pour lesquels elles sont placées (*Service en campagne*, art. 87). Elles ont en tout temps une consigne qui leur est commune à l'égard *des postes voisins, du régiment, du général, de la marche et des mouvements de l'ennemi, des attaques qu'elles craignent ou qu'elles soutiennent, de l'examen des personnes qui passent près d'elles, surtout venant du dehors ; pour arrêter les individus sans cartes, sans papiers d'un chef connu ; les soldats, cantiniers et autres qui cherchent à dépasser les avant-postes ; pour faire conduire près du général, à moins d'ordres contraires, jusqu'aux paysans qui apportent des vivres au camp.*

Elles reçoivent des consignes *des officiers généraux, du chef d'état-major de la division, du colonel, du lieutenant-colonel, de l'officier supérieur de semaine de leur régiment.*

Communication des consignes.

Les commandants des grand' gardes doivent communication de ces consignes *aux officiers d'état-majors de l'armée ou de la division, aux adjudants-majors de leurs corps qui la leur demandent.*

Ils fournissent à ces officiers tous les renseignements qu'ils peuvent être à même de donner.

Signaux de l'état-major et de la grand'garde.

Les grand'gardes sont chargées de la garde et de la direction des signaux que l'état-major fait établir sur des points déterminés.

Elles ont en outre, près de la fraction qui est au repos, une perche avec une botte de paille mouillée au bout, à laquelle on met le feu en la dressant pour avertir le corps principal et les autres grand'gardes d'une attaque sérieuse de l'ennemi. Mais il est indispensable cependant de n'élever cette perche et ceux des signaux de l'état-major qui seraient préparés de même, qu'au moment où il faut s'en servir, afin qu'ils ne puissent pas indiquer à l'ennemi le point où se tient la grand'garde.

ART. 22. — Rondes aux avant-postes.

Les rondes ont pour objet de vérifier si l'on est sur ses gardes aux avant-postes, si on y exécute bien les consignes, si chacun fait son devoir. Le commandant du corps principal fait visiter ses avant-postes par des officiers qui viennent lui rendre compte de ce qui s'y passe.

Le commandant de la grand'garde (Service en campagne, art. 90) règle le nombre, les heures et la marche des rondes : les chefs des petits postes en font autant.

Il reconnaît lui-même, accompagné de ceux qui doivent conduire les rondes de jour ou de nuit, les chemins que celles-ci doivent parcourir.

Les officiers et sous-officiers de ronde chargés de s'assurer de la vigilance des postes et des sentinelles, sont accompagnés de deux ou trois hommes (1). Ils marchent avec lenteur et précaution, et observent tout ce qui peut intéresser les postes.

ART. 23. — *Faire répéter les consignes.*

Il faut faire répéter souvent les consignes aux sentinelles et vedettes pour les instruire et pour assurer la bonne exécution du service dont elles sont chargées. On leur recommande, si elles sont forcées de se retirer, de le faire sans se replier directement sur leur petit poste, mais au contraire en décrivant un circuit pour attirer l'ennemi dans une fausse direction. On leur prescrit de remarquer tous les mouvements qu'elles apercevront chez l'ennemi, le nombre de ses vedettes, de ses sentinelles, des cavaliers qui accompagnent le brigadier qui vient relever, le chemin qu'il prend quand il arrive et quand il part, la force des patrouilles, le moment où elles se font, la poussière qui s'élève derrière une colline, un village occupé par l'ennemi, à quelles heures elles entendent les sonneries ou batteries de l'ennemi. On leur demande si elles ont vu des généraux ennemis passer sur la ligne des vedettes.

Elles doivent savoir :

Qu'à 2,000 mètres, les hommes et les chevaux paraissent comme des points ;

Qu'à 1,200 mètres on distingue l'infanterie de la cavalerie ;

Qu'à 800 mètres les mouvements individuels sont marqués.

Qu'à 700 mètres on peut quelquefois distinguer la tête du corps.

---

(1) Voir le chapitre des renseignements de la 3e leçon, page 54.

Qu'à 400 mètres on la distingue très-bien et le feu va devenir gênant.

Par là, les sentinelles et vedettes se rendent compte du temps qu'il faut à l'ennemi pour arriver sur elles et sur leur poste.

Art. 24. — *Retirer les vedettes.*

La grand'garde monte à cheval.

Les petits postes, sur l'ordre qu'ils reçoivent, envoient ceux de droite par la droite, ceux de gauche par la gauche, un brigadier ou un cavalier de 1re classe pour relever les vedettes. Ceux-ci se dirigent sur l'extrême vedette, la relèvent, et suivis par elle ils vont successivement relever en remontant toutes les autres vedettes de leurs postes ; ils rentrent accompagnés par elles en suivant les fausses directions adoptées pour tromper l'ennemi.

Les vedettes peuvent se retirer toutes à la fois et par les fausses directions, à un signal convenu.

On ne retire les vedettes :

1º Que pour les relever ;
2º Pour leur faire prendre le poste de nuit ;
3º Pour se retirer en trompant l'ennemi.

Dans ce dernier cas, le commandant de la grand'garde donne ses ordres à un officier ou à un sous-officier qu'il charge de rassembler les petits postes et les vedettes à l'heure qu'il désigne. Il part avec sa grand'garde pour suivre l'armée par la route qui lui est indiquée ; après une demi-lieue ou plus il ralentit son allure. A l'heure ordonnée les petits postes partent à leur tour sans bruit avec les vedettes qui ont disparu et ils rejoignent leur grand'garde.

Cette opération, faite le matin à la pointe du jour, peut tromper longtemps l'ennemi et permettre au corps principal de gagner une marche sur lui.

Art. 25. — *Retirer les petits postes.*

Si cette opération n'a pas lieu pour atteindre le but qui précède, ou pour relever les petits postes, elle indique la fin de cette deuxième leçon. Les petits postes se retirent sur la grand'garde par la route convenue; celle-ci se replie elle-même lorsqu'elle en reçoit l'ordre.

RENSEIGNEMENTS SUR LA DEUXIÈME LEÇON.

Le nombre, la force et le placement des grand'-gardes sont réglés par les généraux de brigade et dans un corps détaché par l'officier qui le commande. Autant qu'il se peut, les grand'gardes de cavalerie sont combinées avec les grand'gardes d'infanterie, celles-ci servant d'appui, les autres de sentinelles avancées (*Service en campagne*, art. 81).

Distance des grand'gardes au régiment.

L'établissement des grand'gardes par rapport au régiment ou à l'armée, celui des petits postes par rapport à la grand'garde, enfin la distance des petits postes aux vedettes ne sont soumis à aucune règle fixe, mais déterminés par la nature du terrain, la position de l'ennemi, et *sur le temps qu'il est indispensable de donner aux troupes que l'on protége pour prendre les armes et se disposer au combat.*

Distance des petits postes à la grand'garde.

Certaines positions, assez fortes par elles-mêmes, dispensent de pousser les avant-postes au loin.

La grand'garde doit être, suivant les localités, de 1,600 à 3,200 mètres du corps principal, et même au delà ; ce qui représente une distance que l'on peut parcourir de 20 à 60 minutes.

Distance des vedettes aux petits postes.

La distance des vedettes aux petits postes est de 400 à 800 mètres, deux ou trois minutes au galop, subordonnée à la condition que les uns puissent être bien vus par les autres.

D'après ce qui précède, on voit que l'ennemi qui veut pénétrer jusqu'au corps principal doit percer quatre lignes :

Celle des vedettes.	800 en moyenne.
Celle des petits postes. . .	800
Celle des grand'gardes. . .	800
Celle des grands postes de soutien.	800
Corps principal.	3,200 mètres.

quelquefois plus à franchir en combattant pour arriver au corps principal.

La plus grande portée de l'artillerie obligera à placer les avant-postes plus loin si le terrain ne force pas à prendre une position déterminée.

Composition d'une grand'garde.

La grand'garde pour un régiment est ordinairement composée de 105 à 110 hommes ; c'est presque la force d'un escadron.

Ce chiffre se décompose en 27 hommes pour chaque escadron plus 2 ; si la grand'garde a besoin de plus ou de moins d'hommes, on l'augmente ou on la diminue.

27 hommes par escadron, plus 2. .	110 homm.
8 brigadiers.	8
2 trompettes.	2

4 maréchaux des logis. . . . . 4 homm.
2 lieutenants ou sous-lieutenants. 2
1 capitaine. 1

124 hommes de troupe, plus 3 officiers.

110 hommes divisés par trois donnent pour chacune des trois factions de la grand'garde, 36 hommes plus 2; chaque fraction sera de 36 hommes et une d'elles de 38.

Composition des petits postes. — Nombre de leurs vedettes.

Chaque fraction devant fournir trois petits postes, ces derniers seront chacun de 12 hommes.

Chaque petit poste fournira 3 vedettes ou 6 lorsqu'on les double, ce qui met la moitié du poste en vedettes pendant une heure.

On économise 1 ou 2 vedettes aux petits postes de côté, comme l'indique la figure *Pl. 2* bis.

La distance de 800 mètres des petits postes de droite et de gauche à la grand'garde, doit être augmentée sensiblement si les avant-postes se lient des deux côtés avec d'autres;

La configuration du terrain apporte toujours un changement à cette toile d'araignée qui doit s'unir par les flancs et en arrière par quelques vedettes, avec le corps qu'elle couvre d'un seul côté. Il y a des terrains qui exigent plus de trois petits postes: dans ce cas, la grand'garde doit avoir plus de monde et des fractions de service plus fortes. *Ce sont les grands postes de soutien et le corps principal qui détachent les postes et vedettes nécessaires pour communiquer et se rattacher avec les avant-postes.*

Choix de l'emplacement de la grand'garde.

La grand'garde est placée, s'il est possible, près

d'un carrefour; elle se donne ainsi plus d'aisance dans ses mouvements, et ses petits postes poursuivis peuvent se réunir plus facilement à elle.

Sa retraite doit être assurée; rien ne doit la gêner pour l'exécuter.

S'il est nécessaire de prendre dans les maisons voisines des outils pour combler des fossés, pour couper des haies, abattre des murs, des charrettes pour barrer des routes, etc., etc., il faut le faire sans hésiter (*ceci n'est plus pour la théorie pratique*). Tout en reconnaissant l'importance des carrefours, des nœuds de routes ou de chemins, qu'il faut toujours surveiller et qu'on a besoin de parcourir, on ne doit pas cependant *les occuper en se plaçant dessus, surtout la nuit,* parce que l'ennemi qui arriverait rapidement surprendrait, en tombant sur eux, une grand'garde, un petit poste, une vedette, qu'il n'aurait pas toujours découverts sans cette rencontre, et qui doivent lui faire le plus grand mal, si placés sur les côtés, dans une position favorable, ils peuvent déjouer son entreprise ou même le charger vigoureusement en flanc ou à dos, si les forces le permettent.

Établissement de la grand'garde.

Le commandant de la grand'garde, avant le départ pour la reconnaissance du colonel, a partagé sa troupe en trois parties égales, numérotées 1, 2, 3; il a mêlé avec soin les anciens cavaliers aux nouveaux.

La fraction qui sera employée la première aux petits postes et vedettes, est le n° 1; le n° 2 restera sous les armes et en avant du n° 3, qui est destiné à se reposer. Ces trois fractions passeront successivement dans ces trois positions pendant les **24** heures.

Lorsque le colonel a choisi l'emplacement des avant-postes, et qu'il a donné toutes les instructions

nécessaires, ainsi que la direction que devra prendre
la retraite , le commandant de la grand'garde donne
le commandement à son lieutenant, et il accompagne
le colonel, à son retour, jusqu'à la troupe de soutien ou jusqu'au piquet s'il y en a d'établi. En reve-
nant à son poste il reconnaît bien la position; il
examine de nouveau le terrain, qu'il parcourt afin
que, dans un cas d'attaque et même de retraite, il
puisse ramener sa grand'garde , de nuit comme de
jour, de quelque côté que vienne l'attaque, en se
servant des avantages que présente la configuration
du terrain. Accompagné d'un sous-officier, il en fait
une reconnaissance plus exacte, et modifie, s'il y a
lieu, la position de ses postes et de ses vedettes, etc.
Il prend des renseignements sur la position de son
poste avec ceux qui l'avoisinent, et surtout sur les
communications qui le séparent de l'ennemi ; enfin,
il calcule, d'après sa position, la manière dont il ré-
sisterait à une attaque.

Il fait reconnaître tout le terrain aux officiers
placés sous ses ordres , à tous les chefs de rondes et
de patrouilles ; il leur donne toutes les instructions
nécessaires sur leur service.

Le commandant d'une grand'garde ne doit jamais
oublier que le salut des troupes en arrière, celui de
l'armée elle-même, dépendent de sa vigilance. *A moins
d'ordres contraires, la grand'garde ne doit pas aller
au fourrage.*

La deuxième leçon est répétée à la théorie pratique
aussi longtemps qu'il est nécessaire pour qu'elle soit
bien comprise. Elle consiste surtout dans l'établissement des avant-postes pour couvrir le régiment.

On ne peut encore, pour le service général,
qu'envoyer à la sonnerie de la retraite, au capitaine
adjudant-major de semaine, un cavalier monté pour
rapporter à la grand'garde le billet du mot d'ordre ,
faire exécuter des rondes en se conformant à l'ar-

ticle 22 et au chapitre des renseignements de la 3e leçon, et adresser par écrit à l'officier supérieur de jour, à l'heure des appels, ce qu'il y a de nouveau aux avant-postes. Il faut apprendre dans cette leçon aux différentes fractions de la grand'garde, aux petits postes et aux vedettes, l'ensemble de tout leur service.

TROISIÈME LEÇON.

PROGRESSION.

Art. 26. Reprendre toutes les positions de la leçon précédente.
— 27. Service de jour.
— 28. Reconnaissance et prise du poste de nuit.
— 29. Mot d'ordre aux avant-postes.
— 30. Prise d'armes avant le jour.
— 31. Patrouilles, découvertes.
— 32. Envoi de reconnaissances au delà des vedettes.
— 33. Passage du service de nuit au service de jour.
— 34. Reprise du poste de jour.
— 35. Rapport au commandant des avant-postes.
— 36. Déserteurs arrivant aux avant-postes.

Art. 26. — *Reprendre toutes les positions de la leçon précédente.*

Ce qui s'exécute pour le régiment et pour la grand'garde, comme il a été expliqué à la leçon précédente, ou bien pour la grand'garde par le capitaine seul sur le terrain qui a été occupé aux leçons précédentes, ainsi que le détail suit :

Le commandant de la grand'garde, avant de porter sa troupe en avant, la met en bataille, face à l'ennemi, fait numéroter ses hommes de la droite à la gauche, mêle avec soin les anciens cavaliers aux nouveaux, et la partage en trois parties égales 1, 2, 3.

Lorsqu'il est arrivé aux points désignés précédemment par le colonel, il arrête sa troupe et se porte en avant avec la fraction n° 1, jusqu'à l'endroit où doit être établi le petit poste central. Il place les sentinelles et vedettes de ce poste, et le compose, suivant son importance, d'un officier, d'un maréchal des logis ou d'un brigadier, plus, d'autant d'hommes qu'il en faut pour entretenir les vedettes.

Il marche ensuite vers la droite avec le nombre d'hommes nécessaire, établit le petit poste, les sentinelles et vedettes, retourne vers le centre en rectifiant, s'il y a lieu, ce qu'il vient de faire, passe à gauche pour établir son troisième petit poste, revient de la même manière au petit poste central, d'où il retourne à sa grand' garde.

S'il a quelques hommes en plus, il les répartit entre les postes les plus importants; il fait placer la fraction n° 2 en avant de la fraction n° 3, à laquelle il fait mettre pied à terre pour donner à manger aux chevaux, et pour reposer, ayant soin de faire placer une ou plusieurs sentinelles devant les armes pour observer les petits postes et le grand poste de soutien ou le corps principal si on le découvre; ce qui ne les dispense pas de leur tour de vedettes. Les cavaliers de la fraction n° 3 qui sont au repos ne s'éloignent pas, ils se reposent, ayant près d'eux la bride de leurs chevaux; ceux-ci sont espacés de manière qu'on puisse les monter rapidement.

La fraction n° 2 reste à cheval pendant ce temps, en avant de la fraction n° 3; elle fournit les rondes et les patrouilles. Si on lui fait mettre pied à terre, les cavaliers demeurent les rênes au bras, les chevaux restent bridés et espacés de manière à être montés en un clin d'œil et sans confusion.

Ceci établi, le commandant de la grand'garde divise les 24 heures de son service en intervalles égaux, de manière que les trois fractions 1, 2, 3, se relèvent successivement de quatre heures en quatre heures, dans leurs différentes positions de surveillance et de repos.

    4 heures du matin à 8 heures . . . . . le n° 1.
    8 heures du matin à midi . . . . le n° 2.
    midi.   à 4 h. du soir . . . le n° 3.
    4 heures du soir   à 8 h.   *id.* . . . . le n° 1.
    8 heures du soir   à minuit . . . . . . le n° 2.
    minuit   à 4 du matin. . . . le n° 3.

Chaque fraction passe deux fois dans chacune des trois positions, ce qui est nécessaire pour faire manger les chevaux.

Art. 27. — *Service de jour.*

Le commandant de la grand'garde reconnaît et prend des renseignements sur les communications de son poste; il doit veiller à tout. Il questionne les allants et venants (en guerre si la circulation a lieu c'est que l'ennemi est loin.) Il se porte fréquemment à ses vedettes, les instruit, les fait visiter, interroger et règle les signaux avec elles. Il inspecte toutes les rondes et patrouilles qui partent, donne ses ordres et fait des recommandations, etc. etc., il fait fouiller et il interroge les personnes arrêtées.

Abreuvoir.

On abreuve ordinairement les chevaux avant d'aller occuper le poste de jour, ou avant d'aller en grand'garde, et le soir lorsqu'on prend le poste de nuit; s'il était dangereux de le faire, il faudrait l'exécuter la nuit. Dans les grandes chaleurs on fait boire à midi; on peut exiger, dans ce but, des corvées de la part des habitants; s'il y a des postes détachés de la grand' garde, on va les relever avant la nuit, pour qu'ils puissent faire boire aussi.

3.

Vivres aux grand'gardes.

Les avant-postes doivent recevoir les vivres de leurs corps. Si cette mesure de rigueur ne peut pas avoir lieu, le commandant de la grand'garde envoie fourrager avec les précautions recommandées pour l'abreuvoir; il emploie de préférence les habitants. Les hommes font le café et la soupe pendant les quatre heures de repos.

Comptes à rendre.

On envoie pour l'heure de la retraite un cavalier monté au capitaine adjudant-major de semaine, c'est la seule partie du service qui soit commune avec celui du corps principal avec lequel on ne communique d'autre part que par les différentes rondes qu'il envoie. Il faut cependant que le commandant de la grand'garde instruise le chef d'escadrons de semaine de tout ce qu'il aperçoit chez l'ennemi, de tout ce qui arrive, par des rapports aux heures indiquées, *le matin*, *à midi*, et *le soir*. (On fait cadrer avec les appels du régiment.)

Art. 28. — *Reconnaissance et prise du poste de nuit.*

Pendant la nuit les sentinelles et les vedettes ne peuvent pas embrasser du regard par l'obscurité une étendue de terrain aussi grande que pendant le jour. Il faut donc les rapprocher des petits postes, les petits postes des grand'gardes, et les grand'gardes des troupes de soutien ou de l'armée qui les fournit; rétrécir ainsi, dès que la nuit tombe, la circonférence occupée par le système des avant-postes. L'ennemi est obligé à plus de circonspection, de lenteur dans ses mouvements; on n'a pas besoin d'être gardé aussi loin, et le rétrécissement dont il vient d'être parlé offre moins de danger. Dans le cas contraire, qui se présente quelquefois, soit à cause des difficultés du terrain en arrière, soit par la crainte que l'ennemi ne dérobe sa retraite, soit pour ne pas lui laisser le terrain que l'on occupe, s'il est avantageux, il faut augmenter la force des grand'gardes et changer la position des vedettes, pour qu'il ignore l'emplacement des postes qu'il a vus le jour.

Prise du service de nuit.

L'emplacement de nuit et son abreuvoir ont été déterminés par le colonel, à la première reconnaissance du terrain.

Lorsqu'on doit s'en servir, le commandant de la grand'garde a eu soin, pendant le jour, de le faire parfaitement reconnaître par ses officiers, ses sous-officiers et ses chefs de rondes et de patrouilles; les fractions n°ˢ 2 et 3, qui doivent l'occuper en prenant leur service de 8 heures du soir à minuit et de minuit à 4 heures du matin, ont eu tout le temps pendant la journée de bien reconnaître ce terrain, ses abords et ses communications vers l'ennemi : elles peuvent donc s'y installer avec connaissance de cause en prenant leur service.

Service de nuit.

Le moment ordonné pour prendre le poste de nuit étant arrivé (habituellement lorsque l'ennemi ne peut plus voir ce mouvement), on fait monter toute la grand'garde à cheval, on fait rentrer les trois petits postes de la fraction de service n° 1, en laissant sur leur cordon les vedettes que l'on ne retire que lorsque la nuit est tout à fait close, pour tromper l'ennemi et pour lui laisser ignorer leur départ et le chemin qu'elles ont pris.

Les trois petits postes de la fraction n° 1 étant arrivés près de la grand'garde, celle-ci se retire tout entière, faisant halte de temps en temps, en écoutant, se retournant au besoin pour être bien assurée que l'ennemi ne la suit pas : les trois petits postes font l'arrière-garde et s'arrêtent de même. Ils marchent ainsi jusqu'à leur emplacement de nuit. La fraction n° 2 s'installe à mesure qu'elle arrive sur son terrain de service; la fraction n° 1 passe au repos et veille à la rentrée de ses vedettes au moment voulu; la fraction n° 3 reste à cheval : on lui fera mettre pied à terre lorsqu'il sera possible et pour remonter à cheval au premier signal; les nouvelles vedettes de la fraction n° 2, vedettes de nuit, sont placées de préférence dans des fonds du terrain, parce que si l'ennemi se présente, quelque profonde que soit l'obscurité, elles apercevront toujours à l'horizon sa silhouette.

Par ces dispositions le but de tromper l'ennemi qui préparerait une surprise est atteint, les avant-postes sont concentrés pour mieux se défendre d'une attaque nocturne.

La répartition de la force de la grand'garde peut-être changée, en raison du nouveau terrain à garder de nuit, tout a été combiné d'avance et préparé pendant le jour.

Lorsque le poste de nuit est occupé, le commandant de la grand'garde prescrit, s'il l'a jugé nécessaire, quelques dispositions pour arrêter la marche de l'ennemi en fermant certains points des communications, puis il donne le mot d'ordre.

Abreuvoir.

Si l'abreuvoir est hors de tout danger, on fait boire les chevaux successivement au moment de prendre le poste de nuit : c'est-à-dire que les deux fractions à la grand'garde font boire avant de partir pour le poste de nuit, et que les petits postes et les vedettes de la fraction de service le font en rentrant au repos, lorsqu'elles sont gardées du côté de l'ennemi.

Si l'abreuvoir n'est pas sans danger, les cavaliers restent à cheval, les chevaux bridés; ils font boire par quart ou par moitié; on place un ou deux hommes pour lier l'abreuvoir avec le poste, afin d'avertir de ce qui pourrait arriver. On agit avec prudence, en gardant l'abreuvoir par une troupe armée et éclairée, pour éviter les surprises.

ART. 29. — *Mot d'ordre aux avant-postes.*

Le commandant de la grand'garde, conformément au *service en campagne*, art. 86, a envoyé pour l'heure de la retraite un brigadier ou un cavalier de choix à l'adjudant-major de semaine, pour recevoir le billet contenant les mots d'ordre et de ralliement.

Si ce mot est égaré, retardé, ou s'il a été surpris par l'ennemi, il en donne un autre qu'il fait immédiatement connaître aux corps et aux postes voisins, ainsi qu'à l'officier supérieur de semaine qui en rend compte.

Quand tous les postes sont occupés et que tous les chevaux sont revenus de l'abreuvoir, le commandant fait faire l'appel et donner les mots d'ordre et de ralliement (art. 28).

Chaque chef de poste désigne les hommes qui doivent aller en patrouille, veille à ce que ses cavaliers soient alertes et vigilants et prend toutes les précautions nécessaires pour assurer le service qui lui est confié.

Vigilance pendant la nuit.

Tous les soins qui précèdent étant accomplis, le commandant de la grand'garde fait manger et reposer les hommes et les chevaux de la fraction au repos; il ordonne que les cavaliers restent auprès de leurs chevaux qu'ils ne dépaquètent pas.

Il visite souvent ses petits postes et ses vedettes, se porte en dehors de leur ligne, pour mieux juger de la facilité que l'ennemi aurait à les surprendre. Il interroge les hommes, pour s'assurer qu'ils comprennent bien leurs consignes et visite leurs armes.

Il renouvelle ces tournées d'autant plus souvent que l'ennemi est plus près, que ses cavaliers sont moins habiles, plus fatigués et que le temps est plus mauvais. Lorsqu'il est trop rigoureux, il diminue la durée des factions. Si l'ennemi exécute des mouvements, il en fait prévenir de suite l'officier supérieur de service : si le mouvement est important, il envoie un officier ou un bon sous-officier pour l'expliquer convenablement. Si ses vedettes font feu, il fait brider et monter à cheval : il se porte de sa personne au feu.

Il reconnaît les rondes lui-même, il fait sortir des patrouilles pour relier ses postes entre eux (elles sont prises dans la fraction qui reste bridée), et d'autant plus fréquentes que les vedettes et les petits postes sont plus éloignés.

Chaque fois que le commandant de la grand'garde s'éloigne, il donne le commandement à son lieutenant.

Feux.

Les petits postes n'allument jamais de feux ; s'il fait trop froid, on les relève plus souvent. Avec des feux il serait trop facile de les découvrir, de les surprendre et de se glisser près d'eux pour les fusiller. A la grand'garde il faut n'en allumer que derrière un mur, une maison, dans un fossé, le feu s'apercevant de très-loin la nuit quoi qu'on fasse.

On y envoie les hommes se chauffer à tour de rôle. On doit avoir de la terre ou de l'eau près du feu, pour l'éteindre en cas d'alerte. On peut s'en servir pour tromper l'ennemi sur la position et sur le nombre des postes, en entretenant des feux sur des points qui ne sont pas occupés.

Art. 30. — *Prise d'armes avant le jour.*

Art. 31. — *Patrouilles découvertes.*

Art. 32. — *Envoi de reconnaissances au delà des vedettes.*

Environ deux heures avant le jour, et selon les circonstances, vers minuit même, le commandant de la grand'garde fait brider et monter à cheval tout ou partie de ses cavaliers; puis, quand le jour commence à paraître, il fait partir deux découvertes commandées par des officiers ou des sous-officiers qui, prenant des directions opposées et latérales au poste, se font précéder d'éclaireurs, fouillent le terrain, laissent des cavaliers de distance en distance pour se relier à la grand'garde, et pour former une chaîne de vedettes en avant du service de nuit, se portent aussi près que possible des vedettes ennemies, pour examiner s'il n'y a pas d'embuscades préparées ou des troupes en mouvement. Les deux découvertes décrivent un demi-cercle, se cherchent, et s'étant rejointes, le chef de l'une d'elles reste avec la vedette la plus avancée, tandis que l'autre revient à la grand'garde pour rendre compte.

Art. 33. — *Passage du service de nuit à celui de jour.*

Si le rapport est favorable, le commandant de la grand'garde réunit tous ses cavaliers et va reprendre son poste de jour.

Art. 34. — *Reprise du poste de jour.*

Dès qu'il y est arrivé, il met sa troupe en bataille,

en laisse le commandement à son lieutenant, et accompagné du chef de la découverte, il se rend à la vedette la plus avancée, examine la vérité du rapport qui lui a été fait, et s'il le trouve exact, il envoie retirer les vedettes placées par les découvertes, et il rétablit ses postes comme ils étaient la veille.

Quand le temps est brumeux on redouble toutes ces précautions, et on ne reprend le poste de jour que lorsque le brouillard est dissipé.

Les découvertes doivent se faire quand même on n'aurait pas changé de poste la nuit; s'il y a de l'infanterie avec la grand'garde, elle reste seule au poste, la cavalerie va reconnaître. Les cavaliers qui font la découverte sont ordinairement ceux qui doivent aller les premiers en vedettes dans la fraction n° 3, qui prend le dernier service.

Art. 35. — *Rapport au commandant des avant-postes.*

On examine si l'ennemi n'a pas changé ses postes, s'il n'a pas fait de mouvements, et on rend compte de suite à l'officier supérieur de jour, ou au commandant supérieur des avant-postes lorsqu'il y en a un.

On fait ensuite mettre pied à terre à la fraction n° 2 de la grand'garde, pour se reposer, ou, s'il est nécessaire, elle reste à cheval. Les troupes du corps principal prennent aussi les armes avant le jour; elles envoient des détachements aux avant-postes, soit pour les renforcer, soit pour faire des reconnaissances. *Ordinairement on relève le service à la pointe du jour, pour doubler la force des avant-postes à l'heure la plus opportune, pour épargner de la fatigue aux troupes et rendre plus difficiles à l'ennemi ses entreprises et ses reconnaissances.* Les heures de service des trois fractions de la grand'-

garde sont toujours réglées de quatre en quatre heures à partir du commencement du service.

Art. 36. — *Déserteurs arrivant aux avant-postes.*

Si un déserteur se présente, le brigadier du petit poste le fait désarmer avant de l'admettre dans l'intérieur du cordon; puis il l'envoie au commandant de la grand'garde, qui l'interroge sur tout ce qui peut intéresser la sûreté de son poste. S'il s'en présente un certain nombre, on ne les laisse pas approcher. On leur ordonne de jeter leurs armes avant d'être à portée des vedettes. Le commandant de la grand'garde est prévenu sur-le-champ; il leur assigne une place à quelque distance de son poste, et il les fait surveiller. On ne leur permet pas de vendre leurs chevaux, ni leurs armes, ni aucune partie de leur équipement. Au jour, on les conduit à l'officier supérieur de service. Si on ne voit aucune sûreté à les garder, on demande de suite à l'officier supérieur de service une escorte pour les emmener. Celui-ci les fait conduire devant le général de brigade, qui les adresse à la division après les avoir questionnés.

Les postes en arrière doivent, comme les postes avancés, arrêter tous les étrangers; le commandant fait fouiller en sa présence ceux qui lui paraissent suspects. Il faut surtout interroger les prisonniers, dont les réponses sont presque toujours naïves et sincères.

Questions à un déserteur.

Son nom, son pays, le motif de sa désertion, le numéro de son régiment, le nom de son colonel, de son général, du commandant en chef; la force de son corps particulier, celle de tout l'ensemble; si les distributions sont régulières, si la solde est payée, combien chaque homme a de cartouches, combien il y a de canons, de malades, de blessés; si le soldat a confiance en ses chefs, s'il est bien traité par eux.

Voyageurs, colporteurs, rôdeurs, paysans.

On les arrête, on les fouille, on les examine, on fait attention à la coupe de leur barbe, de leurs cheveux, si ce ne sont pas des militaires déguisés, à leur linge, s'il est en rapport avec leurs vêtements, à la forme, au degré de finesse de leurs mains, on leur demande leur nom, leur pays, leurs papiers, d'où ils viennent, où ils vont, ce qu'ils veulent faire; on les questionne sur ce qu'ils ont vu, entendu, appris, supposé (voir Brack, p. 116 et suivantes). On doit noter et écrire tous les renseignements recueillis avec soin; ils peuvent se coordonner à l'état-major avec ceux qui arrivent d'autre part, et donner de suite des indices importants.

Déserteur français.

Si un Français déserte de l'armée ou de la grand'garde, le commandant doit en être prévenu sur-le-champ; on change le mot d'ordre, on prévient les postes voisins, l'officier supérieur de jour; on change quelque chose à la position des vedettes et petits postes.

RENSEIGNEMENTS SUR LA TROISIÈME LEÇON.

Rondes et patrouilles.

Les patrouilles sont des détachements tirés d'un poste (ordinairement de la fraction de la grand'garde dont les chevaux restent bridés) pour en surveiller les approches, veiller à sa sûreté et le relier aux postes voisins. Leur but est de reconnaître les entreprises de l'ennemi, de prévenir ses attaques, de donner de ses nouvelles, de s'assurer de la vigilance de ses vedettes. L'ennemi qui évite la vue des vedettes doit rencontrer les patrouilles ; elles assurent la surveillance et la tranquillité des grand'gardes, et elles sont d'autant plus nombreuses qu'on peut moins employer de vedettes. Le commandant de la grand'garde en règle le nombre, les heures et la marche, suivant la force de la troupe et le besoin de multiplier les précautions (*Service en campagne*, art. 90).

Les patrouilles ne devant pas combattre, ne doivent pas être fortes ; il vaut mieux les composer d'un petit nombre d'hommes pour les multiplier ; on les dérobe ainsi plus facilement à la vue de l'ennemi ; *trois* ou *quatre* hommes peuvent presque toujours suffire ; ils font peu de bruit en marchant, peuvent se glisser et s'embusquer partout, ils courent moins de risques que s'ils étaient plus nombreux.

Toute patrouille se compose au moins de trois hommes, et n'en a pas plus ordinairement de trente à quarante. Quand elle est forte, elle a pour mission d'aller assez loin pour obtenir des nouvelles de l'ennemi. Les distances du chef de patrouille à ses éclaireurs varient, le jour, de 40 à 60 mètres, la nuit de 5 à 20 mètres, de façon à pouvoir les voir ou les entendre parler à voix basse.

Patrouille de 3 hommes :   Patrouille de 4 hommes :

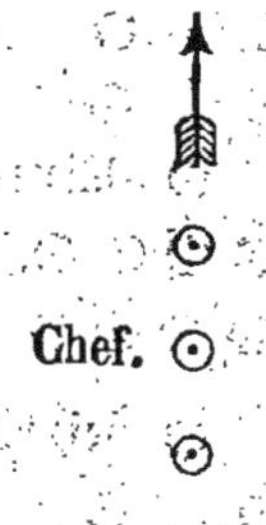

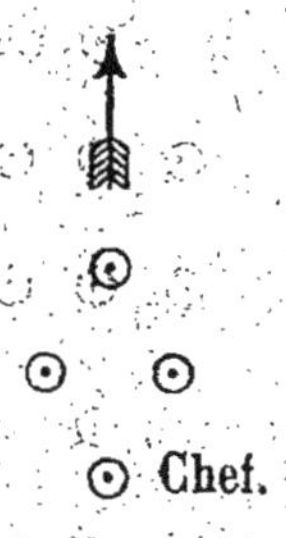

Patrouille de 5 hommes :

Chef.

Patrouille de 7 à 10 hommes :

Chef.

Patrouille de 12 à 15 hommes :

Brigadier.

Chef.

Patrouille de 25 à 30 hommes :

Brigadier.

Sous-officier.

Officier.

Brigadier.

Les patrouilles se font dans tous les instants du jour et de la nuit :

De jour, pour un pays couvert, des vallons, des villages, des obstacles qui gênent la vue;

De nuit, pour assurer la sûreté sur tous les terrains.

Les chefs de patrouille sont : un officier, un sous-officier, un brigadier, un ancien cavalier, suivant leur importance.

Instruction pour les chefs de patrouille.

Inspecter les hommes et les chevaux avant de partir, ferrure et armement; prendre le mot de ralliement et les instructions particulières; ne jamais marcher qu'en zig-zag pour battre beaucoup de terrain, découvrir les piéges, les déserteurs, les espions; marcher d'autant plus lentement que le pays sera plus couvert; éviter les chemins creux, étroits, où l'on peut tomber dans des embuscades d'infanterie; éviter les chemins pierreux, marcher à travers champs; prendre à revers les haies, les murs derrière lesquels l'infanterie peut s'embusquer; cheminer sur la ligne des vedettes sans les dépasser, à moins qu'on n'ait un ordre contraire; s'assurer de leur vigilance; s'arrêter de temps en temps pour écouter, surtout dans les carrefours; faire descendre un homme de cheval et lui faire appliquer l'oreille à terre; observer le plus grand silence, empêcher les bruits des fourreaux de sabre, ne pas fumer, ne pas emmener de chevaux qui hennissent ou qui s'ébrouent.

Patrouilles au delà des vedettes.

Les patrouilles au delà des vedettes sont motivées par un terrain qui permet à l'ennémi de s'embusquer à proximité. Quand on a eu une alerte sans qu'on en ait reconnu la cause, quand on croit que l'ennemi décampé ou qu'il fait un grand mouvement; dans ce cas, les vedettes sont prévenues de la force qui les dépasse et du point de son retour.

Les cavaliers doivent marcher par un, pour ne pas tomber tous dans une embuscade, pour être plus difficiles à voir; ils doivent prendre des informations dans les maisons près desquelles ils passent, en s'approchant avec les plus grandes précautions.

Dans un pays difficile on fait suivre une patrouille par une autre, qui s'en tient à la distance voulue, pour s'assurer qu'elle n'est pas enlevée.

Postes détachés.

Il faut tenir tout un poste sur le qui vive et prêt à combattre tant que ses patrouilles sont dehors. Les postes détachés sont toujours dans ce cas; des patrouilles doubles doivent entretenir constamment la communication avec eux, pour que l'ennemi ne les enlève pas ainsi qu'une patrouille qui serait simple.

Rencontre de l'ennemi.

Quand une patrouille aperçoit l'ennemi en marche, sans qu'elle en soit vue, elle envoie sur-le-champ un cavalier pour prévenir le poste le plus voisin; elle s'approche ensuite, si elle le peut, pour reconnaître sa force et le suivre afin d'épier ses intentions. Une patrouille à qui l'ennemi crie : *Qui vive !* ne doit pas répondre, encore moins tirer; elle doit rester immobile, à moins qu'elle ne soit reconnue et qu'on ne marche sur elle.

La nuit, on se trompe facilement; l'ennemi qui a crié : *Qui vive !* se croira dans l'erreur si on ne lui répond pas; il peut continuer sa marche s'il n'entend plus rien. C'est aussi le meilleur moyen pour enlever les patrouilles ennemies, si on est assez fort pour cela.

Une patrouille ne doit faire feu que lorsque la

*retraite lui est coupée ou quand l'ennemi s'avance
pour surpendre son poste.*

Quand une patrouille est rentrée il faut questionner
tous ceux qui la composaient, sur le terrain parcouru,
sur la vigilance de l'ennemi, sur ce qu'ils ont vu, et
ne jamais se contenter de la réponse ordinaire : *rien
de nouveau.*

Au point du jour les patrouilles sont plus fréquentes, elles fouillent plus loin et deviennent *des
découvertes* pour reconnaître tous les lieux propices
aux rassemblements et aux embuscades. Un cavalier
en patrouille doit fixer et consulter les oreilles de
son cheval, leur direction attentive peut l'avertir
s'il passe à l'effroi, il y a quelque chose qu'il faut
reconnaître avec soin.

Deux patrouilles qui se rencontrent en dehors des
avant-postes doivent, surtout si l'ennemi est proche,
se reconnaître sans crier *Qui vive !*

Découvertes.

Pour savoir ce qui se passe autour de soi dans un
rayon étendu on emploie les découvertes au moyen
de fortes patrouilles tirées du corps principal. Elles
dépassent les avant-postes et vont au loin, s'il le
faut, chercher des nouvelles de l'ennemi ou des
corps voisins.

Elles sont ordonnées par le chef supérieur seul et
elles ont lieu le plus habituellement lorsqu'on sé-
journe dans les cantonnements ou dans un camp. On
peut les former d'infanterie et de cavalerie, *en
ayant soin de ne pas employer de fractions constituées un peu considérables, pour éviter des pertes
générales trop sensibles.*

Elles marchent comme les patrouilles et elles per-
cent, *lorsqu'il le faut*, la chaîne des avant-postes
ennemis en attaquant vigoureusement un point bien
choisi de cette chaîne.

La reconnaissance terminée, elles se retirent.

Elles ne doivent combattre que lorsqu'il est absolument nécessaire d'ouvrir un passage sur la direction qu'elles doivent suivre.

Pendant qu'un détachement est envoyé à la découverte, les grand'gardes redoublent de surveillance pour pouvoir le recueillir s'il est poursuivi et aussi pour éviter toute méprise au retour en le confondant avec l'ennemi.

Cette troisième leçon se répète aussi souvent qu'il est nécessaire, pour qu'on établisse le poste de jour et le poste de nuit, qu'on les prenne et qu'on les quitte sans se tromper.

Elle comprend aussi l'exécution des diverses patrouilles, des découvertes, des explications et des questions faites aux officiers, aux sous-officiers, brigadiers et soldats sur le service des avant-postes, jusqu'à ce qu'il soit devenu familier.

L'article 27, *service de jour*, renferme tout ce qui concerne les devoirs de la grand'garde vis-à-vis du corps principal pendant les 24 heures.

QUATRIÈME LEÇON.

PROGRESSION.

Art. 37. Reprendre toutes les positions de jour de la leçon précédente.
— 38. Remplacer les grands postes de soutien, grand'gardes, petits postes et vedettes par de nouvelles gardes.
— 39. Parlementaires se présentant aux avant-postes.
— 40. Attaque des avant-postes.
— 41. Retraite couverte par des tirailleurs.
— 42. Embuscade.
— 43. Prise d'armes et arrivée du corps principal.
— 44. Retour offensif.
— 45. Application du service de tirailleurs, d'après la configuration du terrain.
— 46. Ralliement, inspection des armes, décharger les armes chargées, retirer les cartouches, rentrée dans les quartiers.

Art. 37. — *Reprendre toutes les positions de jour de la leçon précédente.*

Comme il est prescrit à la troisième leçon, article 26.

Art. 38. — *Remplacer les grands postes de soutien, les grand'gardes, les petits postes et vedettes par de nouvelles gardes.*

Les nouvelles gardes se placent à la gauche de

celles qu'elles relèvent, et cette opération s'exécute comme il est prescrit dans les règlements.

Les deux commandants de grand'gardes partent ensemble pour aller relever les petits postes de la même manière et pour reconnaître tout le terrain occupé et l'ennemi.

Les brigadiers des deux gardes vont ensemble relever successivement les sentinelles et vedettes; ils se communiquent, ainsi que les vedettes entre elles, tous les renseignements sur le terrain, sur l'ennemi, etc., etc.

Les petits postes relevés font une patrouille avant de rentrer, car plus le cordon sera parcouru, plus on assurera le service; ils prendront comme toujours des chemins détournés pour rentrer à la grand'garde.

Avant de se séparer les commandants des deux grand'gardes et ces deux troupes se donnent tous les renseignements qui intéressent leur importante mission.

Art. 39. — *Parlementaires se présentant aux avant-postes.*

Jacquinot de Presle, p. 430. « Quand un envoyé
« ennemi se présente aux avant-postes, il doit être
« accompagné d'un tambour ou d'un trompette et
« s'arrêter à quelque distance des vedettes, puis
« faire battre ou sonner un appel. S'il avance sans
« cette précaution, le droit de la guerre est de le
« faire prisonnier malgré ses réclamations.
« Quand les vedettes sont doubles, une d'elles se
« détache, fait arrêter l'envoyé ennemi et lui fait
« tourner le dos au poste; l'autre appelle le bri-
« gadier. Si la vedette est seule elle ne bouge pas,
« mais crie à l'envoyé de s'arrêter et de se retour-
« ner; elle avertit son brigadier, qui, à son tour,

« fait prévenir le commandant de la grand'garde.
« Celui-ci vient de sa personne ou envoie savoir
« l'objet de la mission. S'il s'agit de la remise d'un
« paquet, il en donne un reçu et l'envoie immédia-
« tement à l'officier supérieur de service, puis il
« renvoie le parlementaire. Si, au contraire, celui-
« ci demande à être introduit, on prend d'abord des
« ordres supérieurs avant de l'admettre dans le cor-
« don ; dans le cas de l'affirmative, on lui bande les
« yeux et on le conduit à l'officier supérieur de ser-
« vice. Toutes ces précautions ne doivent jamais être
« négligées, pour éviter les surprises et l'examen des
« avant-postes. »

Ainsi, les trompettes et parlementaires de l'ennemi ne dépassent jamais les premières sentinelles ;
ils sont tournés du côté opposé aux postes et à l'armée, on leur bande les yeux ; un sous-officier reste
avec eux pour exiger que ces dispositions soient ob-
servées, pour tromper leur curiosité par des réponses
adroites et prévenir l'indiscrétion des sentinelles.

Si le parlementaire était parvenu à recueillir des
renseignements qu'il importerait de cacher, ou s'il
avait surpris l'armée dans un mouvement, il serait
gardé prisonnier jusqu'à l'accomplissement de l'opération découverte par lui.

Parlementaires au milieu d'un combat.

Les parlementaires, au milieu d'un combat, doivent être généralement refusés. Le parlementaire est
précédé, à 25 pas, par un trompette ; il se met au
pas et remet ostensiblement le sabre dans le four-
reau ; au même instant il élève et agite un petit
drapeau blanc ou un mouchoir blanc ; si on ne lui
fait pas signe d'arrêter, si on ne tire pas sur lui, il
continue d'avancer au pas, veillant à ce que personne
ne se glisse derrière lui pour l'enlever.

Dès qu'on lui a fait signe d'arrêter, il s'arrête ; on

envoie près de lui un brigadier et deux hommes qui s'informent des motifs de sa venue. S'il n'a qu'une lettre à remettre, on lui donne un reçu; s'il veut être conduit près d'un chef spécial, on lui bande les yeux et on le mène à qui de droit. On le reconduit ensuite avec les mêmes précautions. Brack, p. 286.

Troupes se présentant la nuit aux avant-postes.

Quand des troupes détachées du camp arrivent la nuit, à portée des vedettes, le chef du poste les fait arrêter au dehors et fait venir leur commandant près de lui. *S'il ne le connaît pas personnellement,* quand même il aurait donné les mots d'ordre et de ralliement, il lui indique un lieu où son détachement peut passer la nuit et il attend les ordres qu'il envoie demander à l'officier supérieur de service. Si le commandant de cette troupe a une nouvelle pressante à donner, il l'envoie sous escorte à l'officier supérieur de jour; il fait avertir les postes voisins d'être sur leurs gardes.

Art. 40. — *Attaque des avant-postes.*

Art. 41. — *Retraite couverte par des tirailleurs.*

Dès que l'ennemi est signalé, on le reconnaît avec soin; si ses mouvements indiquent une attaque, on fait prévenir l'officier supérieur de jour et les postes voisins. On prend les meilleures dispositions pour combattre; se retirer sans le faire, à moins d'être surpris, est plus qu'une faute. Les vedettes se changent immédiatement en tirailleurs, les petits postes en troupe de soutien, la grand'garde en réserve. On résiste de manière à donner le temps aux troupes que l'on couvre et à l'armée de prendre les armes et manœuvrer. On ne se retire que si l'ensemble de l'action sur les postes voisins y oblige; on règle tous ses mouvements sur ceux de l'ennemi et, pour accomplir les instructions qu'on a reçues, on retarde par tous les moyens possibles la marche de l'ennemi; il faut se faire tuer plutôt que de le laisser arriver par surprise sur l'armée.

Cette résistance peut rencontrer un solide appui dans les troupes de soutien, s'il y en a et si elles sont solidement constituées.

Si l'attaque de l'ennemi a pour objet de gagner un point d'où il puisse découvrir l'armée, il faut tout faire pour l'en empêcher.

Si c'est pour donner une alerte et fatiguer les troupes, il faut d'autant moins se résigner à quitter ses positions.

Si c'est une surprise assurée par une grande supériorité de forces, il faut résister à outrance, par tous les moyens indiqués, pour tromper l'ennemi sur la direction de la retraite, pour créer des obstacles à sa marche par la destruction des ponts, l'embarras des routes, des défilés, et tout ce qui peut le retarder et favoriser la résistance.

Dans tous les cas, on a soin de détacher un officier ou des sous-officiers sur les flancs de la grand'garde pour reconnaître ce qui s'y passe et si on n'est pas tourné ou menacé de l'être.

De même, il est aussi de principe de prendre les dispositions de combat dès que les postes voisins sont attaqués.

Si le mouvement de l'ennemi n'est pas vif, s'il paraît tâtonner, on peut l'attaquer vigoureusement partout.

ART. 42. — *Embuscade.*

Le terrain, l'occasion, font établir des embuscades.

Elles sont plus difficiles à préparer par la cavalerie qui ne peut pas se cacher partout.

Le coup d'œil, la connaissance des habitudes de l'ennemi décident de cette tentative, qui peut amener d'excellents résultats lorsqu'elle réussit. Elle doit retarder l'ennemi, modérer sa confiance et donner le temps aux troupes de soutien et à l'armée d'arriver.

Art. 43. — *Prise d'armes et arrivée du corps principal.*

Pendant une attaque des avant-postes, lorsque les troupes de soutien ou l'armée arrivent, la grand'garde, à moins d'ordres contraires, se rallie et rejoint son régiment dès qu'il paraît sur le terrain et lorsque l'ennemi est arrêté dans son succès.

Art. 44. — *Retour offensif.*

Le retour offensif est exécuté d'après les ordres du commandant du corps principal ou du commandant de la grand'garde s'il agit seul; il a lieu d'après les dispositions particulières qui sont ordonnées.

Art. 45. — *Application du service de tirailleurs d'après la configuration du terrain.*

Si le cordon des avant-postes est maintenu par la résistance de la grand'garde, ses vedettes, renforcées au besoin, forment une ligne de tirailleurs sur le terrain qu'elles occupaient avant le combat, et par conséquent en raison de sa configuration.

Cependant il est juste d'observer que ce cordon de tirailleurs, en se profilant, donne à l'ennemi la connaissance exacte du terrain bon et mauvais et la facilité de combiner son attaque en comptant son adversaire.

Cet inconvénient peut cesser si on ne couvre de

tirailleurs que les parties les plus importantes à défendre, en les faisant appuyer par de forts soutiens.

Dans ce cas l'ennemi a moins d'assurance dans sa
marche et il peut se précipiter sur des obstacles na-
turels, marais, ravins, escarpements, etc., etc., qu'il
n'a pas reconnus, en croyant profiter d'ouvertures
laissées par oubli, ce qui doit le mettre en désordre
et, par conséquent, en état de faiblesse.

ART. 46. — *Ralliement, inspection des armes, décharger les armes chargées, retirer les cartouches, rentrée dans les quartiers.*

La 4e leçon est le complément de cette théorie
pratique; il est nécessaire de la répéter souvent.

Pour la perfectionner il serait très-favorable de
pouvoir la faire exécuter sur des terrains nouveaux,
différents les uns des autres, et même difficiles.

Elle s'applique à la fois à un régiment, à une brigade, à une division ; le service des avant-postes est
toujours le même, partout où ils sont établis, mais
leur aspect, résultat des dispositions particulières
commandées par le terrain, est souvent différent,
ainsi que leur composition, leur force, leur nombre.
(Voir la planche 3.)

Du reste, pour s'en faire une idée, il suffit de
savoir que la grand'garde ordinaire (124 hommes,
3 officiers) peut, dans un pays facile, en plaine par
exemple, *éclairer* (1) sur son front une division entière
de cavalerie sur une seule ligne, les régiments à
quatre escadrons, tandis que dans un pays difficile,

---

(1) J'ai dit *éclairer*, puisque pour ce front de division, qui
est de 1,016 *mètres*, la grand'garde dont nous parlons serait
trop faible pour résister à l'ennemi sur l'étendue qu'elle surveille : 13,600 *mètres* (plus de 3 lieues), gardés par les yeux
de 18 vedettes, à 800 mètres d'intervalle l'une de l'autre.

surtout si les habitants sont hostiles et l'ennemi dangereux, elle ne suffit pas toujours pour un seul régiment dont le front en bon terrain n'occupe que 236 mètres.

On voit donc combien les terrains apportent de modifications dans le placement des grand'gardes, combien il est important de les étudier, de les comprendre, pour pouvoir les faire garder en couvrant les troupes que l'on protége, tout en cherchant, *en second lieu, s'il est possible,* à découvrir l'ennemi ou ses approches.

EXPLICATION DE LA PLANCHE N° 3.

Le front du camp est couvert par trois grand'-gardes de cavalerie, de 124 hommes chacune, détachées vers les villages A, B, D.

La configuration du terrain permet de représenter trois dispositions différentes dans leur placement :

1° La grand'garde D, à 8,200 mètres du camp, est établie en avant de la rivière R.

Tout le terrain du camp à la rivière est laissé libre ; la rivière, jusqu'aux vedettes de la grand'-garde voisine B, est gardée par des vedettes d'infanterie, détachées de la grande troupe de soutien qui occupe solidement le bourg D pour défendre le pont.

La grand'garde de cavalerie D couvre le faubourg S et observe le bois T. La configuration du faubourg, qui sert de tête de pont, permet à la grand'garde de former un demi-cercle avec ses vedettes doubles ; elle en pousse une sur la route n° 3 pour découvrir cette avenue du bois T.

Le poste de nuit occupe une position semblable et plus rétrécie.

Les grand'gardes de jour et de nuit sont placées en dehors, à droite du faubourg S, pour ne pas l'embarrasser en cas de retraite et laisser l'infanterie qui l'occupe bien retranchée.

La fraction qui se repose à la grand'garde fait boire ses chevaux à la rivière ;

2° La grand'garde B occupe le terrain le plus facile et relie les avant-postes D de droite avec ceux A de gauche ; elle surveille 7,500 mètres.

La ferme L sert d'appui au grand poste de soutien à 500 mètres du camp.

La grand'garde B est établie à demi-distance du village B, situé à 3,200 mètres du camp ; le premier poste, celui du centre, est contre ce village, près de l'abreuvoir ; ceux de droite et de gauche à 2,000 mètres et à une plus grande distance de leur grand'garde, mais en vue.

Les vedettes placées à 800 mètres des petits postes, et en vue les unes des autres, sont formées suivant deux systèmes : celles du terrain le plus découvert sont doubles ; celles du terrain le plus difficile, en échiquier, pour ne rien laisser passer entre elles.

Le poste de nuit de cette grand'garde est établi à 1,600 mètres en arrière ; le village B, occupé par de l'infanterie, se trouve à la hauteur des vedettes placées toutes en échiquier.

Cet ordre de surveillance est préférable de jour que de nuit.

Le poste du centre fait boire au village B, le petit poste de gauche au ruisseau qui traverse son terrain, la grand'garde et le petit poste de droite au ruisseau X et au grand poste de soutien ;

3° La grand'garde A, placée sur le terrain le plus difficile, avec un poste détaché au château C, à 6,000 mètres du camp, ne change pas de position la nuit pour ne pas perdre ce terrain important à conserver ; toutefois son petit poste de droite rétrograde la nuit pour s'unir aux vedettes de la grand'garde B.

Un fort grand poste de soutien occupe le village A à 2,000 mètres.

La grand'garde A est placée en intermédiaire du grand poste de soutien, à la ferme *f*, où s'appuie le petit poste du centre, pour commander le bois *d* ; le petit poste de droite appuie et voit ses vedettes qui se lient à celles des avant-postes B ; enfin le petit

poste de gauche s'appuie au hameau *a*, occupé par
de l'infanterie, pour commander le bois *d*.

Tout le flanc gauche de cette position est couvert
par le ruisseau *o* et gardé par trois postes d'infanterie.

Le poste du château est composé d'infanterie et
de cavalerie.

Cette grand'garde abreuve ses chevaux aux ruis-
seaux *g* et *o* et dans le château C.

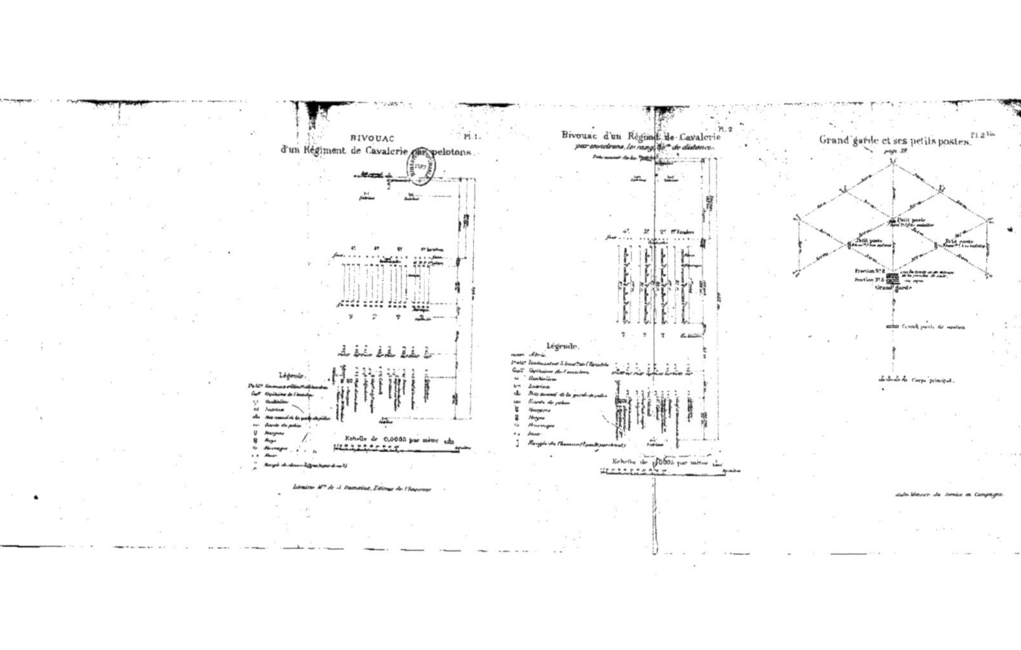

BIVOUAC Pl. 1.
d'un Régiment de Cavalerie par pelotons.
Bivouac d'un Régiment de Cavalerie Pl. 2
par escadrons, les rangs à 6m. de distance.
Grand garde et ses petits postes. Pl. 2 bis
page 39
Petit poste
Petit poste
Petit poste
Grand garde
Légende.
Échelle de 0,0005 par mètre

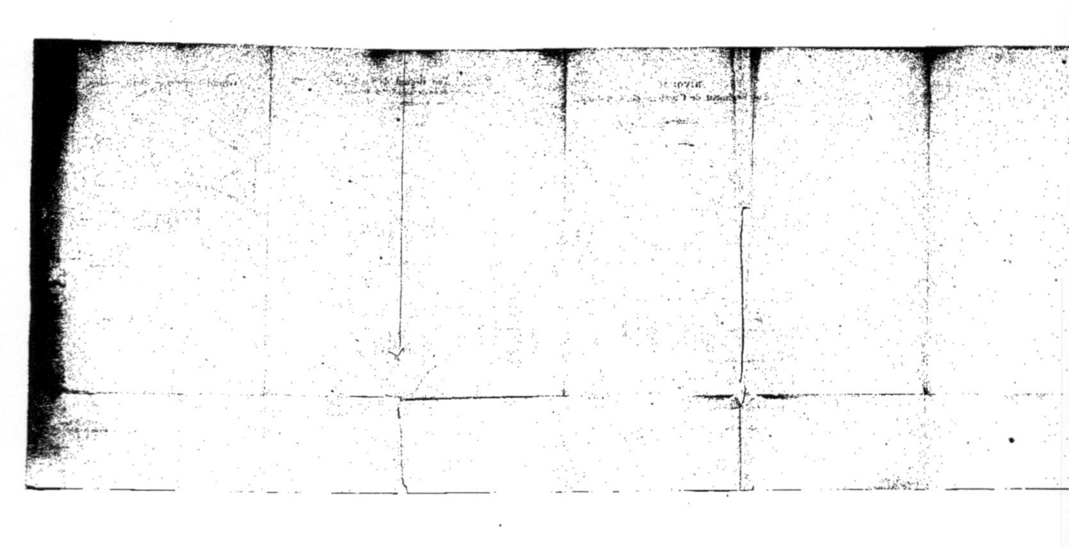

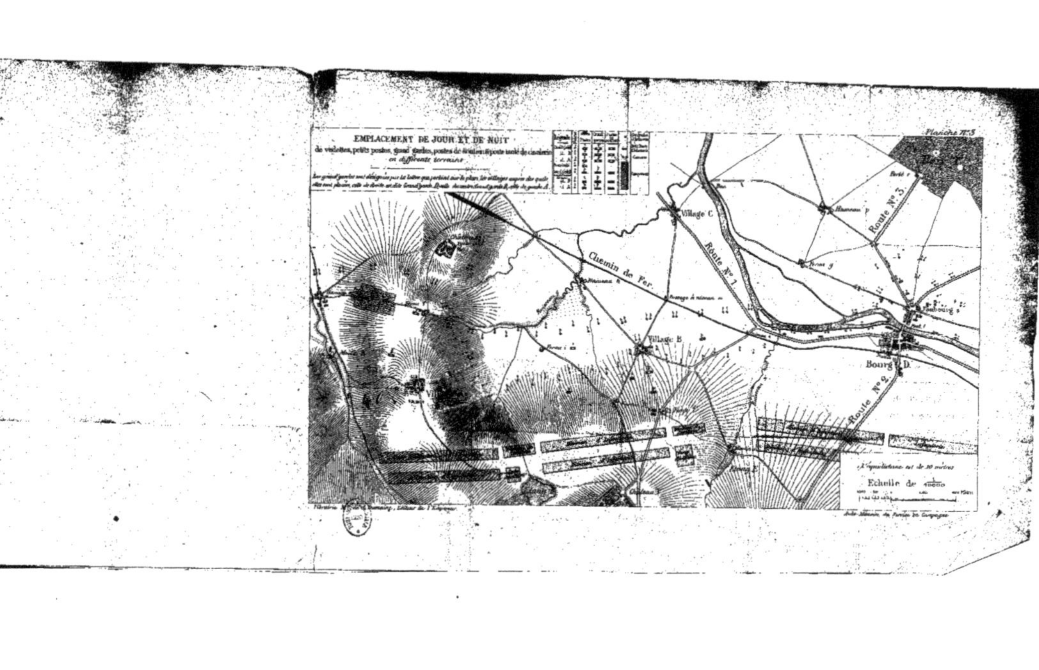

Planche N° 3
EMPLACEMENT DE JOUR ET DE NUIT
de vedettes, petits postes, grand' gardes, postes de soutien et poste isolé de cavalerie
en différents terrains
Village C
Hameau
Chemin de Fer.
Route N° 1
Route N° 3
Bourg D.
Echelle de 1/10000